John Routt

El primer gobernador de Colorado

John Routt

El primer gobernador de Colorado

por Rhonda Rau

Filter Press, LLC
Palmer Lake, Colorado

John Routt
por Rhonda Rau

A mi esposo, Shane Sale,
por apoyarme en todo lo que hago.

ISBN: 978-0-86541-177-7
LCCN: 2013947130

Producido con el apoyo de la organización Colorado Humanities y
el fondo National Endowment for the Humanities. Las opiniones,
hallazgos, conclusiones o recomendaciones expresadas en la presente
publicación no necesariamente representan los de la organización
Colorado Humanities o los del fondo National Endowment for the
Humanities.

Foto de portada cortesía de la Biblioteca DPL, Colección de Historia
Occidental

Impreso en los Estados Unidos de América

Publicado por Filter Press, LLC, en cooperación con
las Escuelas Públicas de Denver y la organización
Colorado Humanities.

Grandes vidas de la historia de Colorado

Contenido

John Routt, 1826–1907, fue el último gobernador territorial de Colorado y el primer gobernador del estado.

Introducción

John Routt fue el primer gobernador de
Colorado. Cuando era un niño que crecía en
Illinois, nunca imaginó que un día viviría en
un lugar llamado Colorado o que sería un
político exitoso y un adinerado propietario
de minas. Su familia no tenía mucho dinero,
pero el joven John sabía que el arduo trabajo
lo llevaría al éxito. Como hombre honesto y
leal, la carrera política de John duró más de
cincuenta años.

El joven John

John Long Routt nació el 25 de abril de 1826 en Eddyville, Kentucky. Su padre falleció cuando él era pequeño. Su madre, Martha Haggard Routt, se mudó con John y sus tres hermanos y hermanas al Condado de Trigg, Kentucky. Allí conoció a Henry Newton y se casó con él. La familia se mudó varias veces antes de establecerse en Bloomington, Illinois.

John asistió a la escuela pública. La escuela era diferente cuando John era niño. Para empezar, el año escolar solo duraba tres meses. John se dio cuenta de que la educación era importante y aprendió mucho leyendo por su cuenta. Más adelante, aprendió **carpintería**. Trabajó para su primo como **aprendiz** de carpintero y **maquinista**. También trabajó en un aserradero, donde aprendió a administrar una compañía. John comenzó a interesarse en la **arquitectura**. Quería estudiar arquitectura, pero ese sueño nunca se convirtió en realidad. La vida tenía otros plante para él.

Cuando John tenía diecinueve años, se casó con Hester Ann Woodson. Dos años después nació el primer hijo. John trabajaba duro en el aserradero. En 1854, cuando tenía veintiocho años, John fue electo para un cargo público por primera vez. Asumió como regidor, un trabajo similar al de concejal, en Bloomington, Illinois. Cuatro años después, fue electo tesorero del Condado de McLean. En este cargo controlaba el dinero del condado. Debido al excelente trabajo que hizo, fue reelecto para un segundo período.

John se estaba convirtiendo en un líder y quería ayudar a su ciudad de otras formas. En 1860, decidió presentarse como candidato a alguacil y ganó la elección por un amplio margen. Demostró ser honesto y ecuánime, a diferencia de su adversario, que se burlaba de John por su altura. John medía solo cinco pies con dos pulgadas de altura, mucho menos que la mayoría de los hombres.

Todo cambió para él cuando comenzó la **Guerra Civil de los Estados Unidos** en 1861. El 20 de agosto de 1862 renunció a su cargo de alguacil para combatir en la guerra.

Guerra Civil de los Estados Unidos

Entre 1861 y 1865, la Guerra Civil de los Estados Unidos. A los treinta y seis años, John Routt se unió al **Ejército de la Unión** y le dieron el rango de capitán. Era un líder valiente y sus hombres lo respetaban. Durante la batalla de Prairie Grove en Arkansas, John luchó con valor. A partir de entonces, él y sus hombres se unieron a los soldados que luchaban bajo las órdenes del General Ulysses S. Grant. Grant necesitaba provisiones que se encontraban en territorio enemigo. De inmediato, John se ofreció como voluntario para ir a buscarlas. Él lo consideraba una tarea de rutina, pero Grant apreció su coraje y su capacidad. John luchó valientemente junto a él en la batalla de Vicksburg, y este lo promovió al rango de coronel.

Luego de finalizada la Guerra Civil de los

Estados Unidos, John regresó a Bloomington. Él y Hester Ann tuvieron más hijos y John retomó la política. Lo eligieron dos veces como tesorero del condado. A lo largo de los años, se mantuvo en contacto con el general Grant. Mantuvieron una amistad de toda la vida.

Una recompensa por el servicio

En 1869, el general Grant fue electo presidente de los Estados Unidos. Cuando finalizó el período de John como tesorero, Grant lo nombró alguacil federal de Estados Unidos para el Distrito Sur de Illinois. Una de sus tareas era supervisar el noveno censo. Un censo es un conteo oficial de todas las personas que viven en un área determinada que se realiza cada diez años. John llevó a cabo esta tarea con tanta energía, precisión y rapidez que le dieron un premio por ello. Su **reputación** como persona trabajadora y digna de confianza continuó afianzándose. El presidente Grant lo eligió para un cargo nuevo. John se mudó con su familia a Washington, D.C. para asumir el puesto de segundo ayudante del director general de correos.

En 1871, su esposa, que tenía veintisiete años, falleció, y John quedó solo para criar a sus cinco hijos. Tres de ellos tenían menos de diez años. La muerte de Hester dejó un gran vacío en su corazón y en su vida. No obstante, John quería casarse de nuevo. En 1873, conoció a su segunda esposa, Eliza Pickrell, a través de un amigo. Ella vivía en Illinois y John vivía en Washington. Llegaron a conocerse mejor por medio de las cartas que intercambiaban. Eliza era inteligente y paciente. Era una buena pareja para John y para su ajetreada vida política y familiar. El 21 de mayo de 1874 se casaron.

John quería mudarse al oeste, donde muchas personas se hacían ricas al encontrar oro y plata. Le expresó al presidente Grant su deseo de volver. Grant tenía un trabajo en el oeste para John. El 29 de marzo de 1875, lo nombró gobernador del territorio de Colorado. Grant confiaba en él. Le pidió que "limpiara ese desastre que había allí" y ayudara a que el territorio de Colorado se convirtiera en un estado.

La categoría de estado para Colorado

La primera tarea que tuvo John cuando llegó a Colorado fue ganarse la confianza de la gente. Los habitantes de Colorado no confiaban en los políticos de Washington. El territorio había tenido siete gobernadores en quince años. Muchos de ellos habían usado su poder de forma indebida. La gente quería que Colorado se convirtiera en un estado, pero necesitaban un buen líder para lograr ese objetivo.

John era el hombre ideal para ello. Trabajó duro para resolver los problemas y unir a los **ciudadanos** del territorio. Muchos residentes tenían ideas diferentes de las de John y no estaban dispuestos a **ceder**. Además, algunas personas de la costa este de los Estados Unidos no querían que Colorado adquiriera la categoría de estado. Pensaban que sus habitantes eran trotamundos y **nómadas**. No les agradaba el hecho de que Colorado fuera a tener la misma cantidad de votos en el **Senado** de los Estados Unidos que los demás estados de la Unión. (Cada estado estaba representado por dos senadores, independientemente de la cantidad de habitantes.) Finalmente, el Senado y la **Cámara de Representantes** aprobaron la categoría de estado para Colorado. Se había dado el primer paso para convertirse en un estado.

Acto seguido, los habitantes de Colorado tenían que redactar la **Constitución** del estado. John ayudó a seleccionar a los treinta y nueve **delegados** que tendrían a su cargo la enorme tarea. Los delegados se basaron en las constituciones de otros estados para sacar ideas y utilizarlas como modelo. Fueron necesarios muchos meses y numerosos debates para poder crear un borrador. John seguía los debates de cerca.

Finalmente, los delegados votaron y aprobaron la Constitución. Los habitantes de Colorado **ratificaron** la Constitución el 1° de julio de 1876. El 1° de agosto de 1876, el presidente Grant proclamó estado a Colorado, que se convirtió así en el estado número 38 de la Unión, exactamente cien años después de que los Estados Unidos se convirtieran en país. Por esta razón, Colorado se hizo conocido como el estado del **centenario**. Actualmente, cada 1° de agosto se celebra el Día de Colorado, en conmemoración de la fecha de creación del estado.

El mandato de John Routt como gobernador del territorio finalizó cuando Colorado se convirtió en estado. En virtud de la nueva Constitución, el presidente no podía nombrar al gobernador del estado, sino que este tenía que ser electo por el pueblo. John ganó la candidatura republicana para gobernador y compitió contra el **candidato** demócrata, el general Bela M. Hughes. Hizo campaña hablando directamente con los ciudadanos, y el 3 de octubre de 1876 ganó la elección.

Como primer gobernador de Colorado, enfrentó muchos desafíos. Uno de los primeros fue frenar la creciente violencia en Creede, un poblado ubicado al suroeste del estado. Muchos residentes de allí se peleaban por la posesión de la tierra y las minas de plata de la zona. Las disputas se habían tornado tan violentas que la gente era asesinada. El gobernador Routt visitó la zona y **negoció** una solución pacífica.

El descubrimiento de plata atrajo a muchas personas a Colorado y los poblados crecieron rápidamente. John empleó su habilidad para negociar en muchas oportunidades a fin de ayudar a encontrar soluciones a los conflictos mineros. Lo bueno era que la producción de plata aumentaba y generaba puestos de trabajo para muchos habitantes de Colorado. Durante el primer período de John como gobernador, se construyeron vías ferroviarias, lo que facilitó el transporte y permitió llevar a cabo actividades comerciales en Colorado.

Otro problema importante, no solo en Colorado sino en todo el país, era el sufragio femenino. Este es el derecho de la mujer a votar y postularse a un cargo público. La Constitución de Colorado permitía que la mujer votara únicamente en las elecciones de los distritos escolares, pero no en las demás elecciones. John era un gran defensor del sufragio femenino. En 1877, organizó la visita de Susan B. Anthony a Colorado, una famosa portavoz de los derechos de la mujer. John recorrió el estado con ella para ayudar a difundir el importante mensaje sobre el derecho de las mujeres a votar. La dedicación de John al pueblo de Colorado le valió un segundo período como gobernador.

La mina Morning Star

Los mineros de Leadville encontraron plata en grandes cantidades. Todos los días llegaba al pequeño pueblo montañés gente de otras partes del país en trenes, carruajes e incluso a pie. La población aumentó ¡de 250 habitantes en 1877 a 35 mil en 1880!

El aumento de la población generó problemas. Las condiciones de trabajo no eran seguras y muchas personas dormían a la intemperie sin resguardo alguno porque no había suficientes casas. John hizo varios viajes a Leadville para ayudar al pueblo a administrar el **auge de la plata**. También llegaron a sus oídos historias de gente que se hacía rica, algo que él siempre había querido.

En un viaje a Leadville, John decidió hacer **prospecciones** de plata por sí mismo. Sirviéndose de un **pico**, cavó en el suelo junto con otros mineros que esperaban hacerse ricos. En otro viaje a Leadville, conoció a dos mineros que querían vender sus **derechos** sobre lo que denominaron la "mina Morning Star". Esta era un hoyo de doce pies en la tierra, donde no se había encontrado nada valioso. John tuvo una premonición, un presentimiento que le decía que algo bueno iba a suceder. En 1877, compró la mina Morning Star por 10 mil dólares.

Si bien John aún trabajaba como gobernador, pasaba buena parte de su tiempo en Leadville excavando en busca de plata junto con algunos otros mineros que ya había contratado. El trabajo en las minas era peligroso. Muchos hombres morían aplastados por las rocas y por respirar el polvo. A pesar de los peligros, John trabajaba él mismo en la mina, decidido a descubrir plata. Trabajó muchos días de sol a sol. Estaba convencido de que ganaría dinero con la mina. En 1879, decidió no postularse nuevamente para gobernador a fin de poder concentrarse a tiempo completo en la mina Morning Star.

En abril de ese año, su determinación y arduo trabajo dieron sus frutos. ¡Encontró plata! A fin de año, se había extraído plata de la mina por un valor de 300 mil dólares. Compró una mansión en Denver para su familia y disfrutó de su nueva riqueza. También hizo otras **inversiones** para ganar más dinero. John y Eliza hicieron donaciones a distintas obras benéficas, como la iglesia Central Christian Church de Denver. En 1881, John vendió la mina Morning Star por 1 millón de dólares.

La construcción del capitolio

John se mantenía ocupado con sus inversiones y ayudaba a comenzar negocios en Colorado, pero de todas maneras quería servir a la sociedad. En 1883, fue electo alcalde de Denver. Servía bien a la ciudad y la gente pensaba que era un líder honesto. Al finalizar su mandato como alcalde, decidió postularse para **senador** de los Estados Unidos. El primer paso era que el Partido Republicano lo eligiera como candidato. A pesar de que John era muy apreciado, perdió la candidatura del partido por cuatro votos.

El mismo año que John fue electo alcalde, también comenzó a servir en el cuerpo de administradores del capitolio. El cometido de dicho cuerpo era construir un nuevo **capitolio** del estado. John empleó los conocimientos en arquitectura que había adquirido de joven para ayudar a diseñar el edificio. El cuerpo reunió los mejores materiales de construcción, en su mayoría provenientes de los recursos propios de Colorado. La construcción comenzó el 4 de julio de 1890 con una gran celebración. John ayudó a administrar la construcción del edificio.

Más adelante ese mismo año, le pidieron que se postulara nuevamente como gobernador. Sus críticos y adversarios dijeron que a los sesenta y cinco años estaba demasiado entrado en años como para ser un buen gobernador. La población de Colorado crecía y los conflictos por la propiedad y uso de la tierra aumentaban. El estado necesitaba un gobernador con firmeza. El 14 de enero de 1891, John fue electo y se convirtió en el séptimo gobernador de Colorado. Sirvió a Colorado por dos años más.

Durante este segundo período como gobernador del estado, la fiebre por la minería de plata llegó a su fin, con lo cual muchos

Alcalde John Routt, alrededor de 1885. John continuó sirviendo a Colorado como alcalde de Denver.

hombres quedaron sin trabajo. La economía de Colorado se encontraba tan mal que los líderes del movimiento a favor del sufragio de la mujer decían: "Permitan que las mujeres voten; no podrán empeorar las cosas más de lo que lo han hecho los hombres". Antes de que John dejara su cargo, la asamblea legislativa aprobó el sufragio femenino, a pesar de que fue el nuevo gobernador, Davis Waite, quien sancionó la ley. Eliza Routt fue la primera mujer que se registró para votar en el estado. John continuó trabajando en el cuerpo de administradores del capitolio hasta que se jubiló en 1897 a los 71 años.

En 1894, el capitolio estaba casi finalizado a un costo de 2.8 millones de dólares. La estimación inicial había sido de 1 millón de dólares, pero el cuerpo utilizó los mejores obreros y recursos que se podían encontrar en Colorado. Los retoques finales, incluida una cúpula de cobre, no se añadieron hasta 1896. El estado tenía un capitolio del cual enorgullecerse. En 1908, se reemplazó la cúpula de cobre con doscientas onzas de oro de Colorado, que aún se encuentran allí.

Un nuevo siglo

Luego de que se retiró de la política, John empezó a pasar más tiempo con sus amigos, incluido Horace Tabor, llamado el

La cúpula de oro del capitolio del estado de Colorado es un monumento histórico famoso en el centro de Denver.

"Rey de la Plata" por la gran cantidad de dinero que había hecho con la minería de plata en Leadville. En 1900, el médico de John le recomendó que viajara a Europa, porque el **clima húmedo** de allí podría mejorar su salud. Su esposa y su hija, Lila, se fueron con él en barco hasta París, Francia, donde vivieron durante dos años.

La salud de John mejoraba y la familia esperaba con ansias el regreso a Denver. Su médico le dijo que debería permanecer en un lugar de clima húmedo, pero John amaba Colorado y quería regresar. John y Eliza se mudaron al Metropole Hotel en el centro de Denver, donde pasaron sus últimos años. A medida que envejecían, su salud iba empeorando, aunque ambos se mantenían activos. John era miembro de la logia masónica Masonic Union Lodge por su servicio durante la Guerra Civil de los Estados Unidos. Eliza y Lila pertenecían a varios grupos comunitarios.

El 22 de marzo de 1907, Eliza falleció a los sesenta y ocho años de una enfermedad del hígado y de complicaciones causadas por la diabetes. John quedó muy triste. Se dice que luego de la muerte de Eliza, se quedó tranquilamente esperando la muerte. El 13 de agosto de 1907 falleció a los 81 años de edad.

La vida de John Routt estuvo dedicada al servicio a su país y a su estado. Sus **contribuciones** para que Colorado se convirtiera en estado no serán olvidadas. En la cámara del Senado del Capitolio, hay un retrato en vitral de John.

Este retrato en vitral del gobernador John Routt se exhibe dentro del capitolio del estado.

John Routt está sepultado en la parcela de su familia en el cementerio de Riverside de Denver.

Preguntas para reflexionar

- ¿Qué hizo John Routt para ganarse el respeto del general Grant durante la Guerra Civil de los Estados Unidos?

- Menciona tres palabras que describan al gobernador John Routt.

- ¿De qué forma John Routt ayudó a que Colorado se convirtiera en un estado?

Preguntas para los integrantes del programa Young Chautauqua

- ¿Por qué se me recuerda (o se me debería recordar) en la historia?

- ¿Qué dificultades enfrenté y cómo las superé?

- ¿Cuál es mi contexto histórico (qué otras cosas sucedían en mi época)?

Glosario

Aprendiz: persona que aprende un arte u oficio de otra persona más capacitada.

Arquitectura: arte de proyectar y construir edificios.

Auge de la plata: período determinado en que se encuentra plata en cantidades abundantes.

Cámara de Representantes: la cámara baja de un cuerpo legislativo, como el Congreso de los Estados Unidos.

Candidato: persona seleccionada para presentarse a un cargo, servicio o puesto.

Capitolio: edificio donde se reúnen los legisladores.

Carpintería: obra, proceso o labor de trabajar con madera.

Ceder: llegar a un acuerdo después de que personas con puntos de vista opuestos abandonan algunas de sus exigencias.

Centenario: aniversario número cien.

Ciudadanos: personas que viven en una ciudad, pueblo, estado o país y que tienen los derechos y la protección de ese lugar.

Clima: estado del tiempo promedio de un determinado lugar o región durante un período de varios años.

Constitución: documento que establece las creencias y las leyes básicas de una nación, estado o grupo social.

Contribuciones: actos mediante los cuales se dona dinero o cosas.

Delegados: personas con autoridad para actuar en nombre de otros.

Derechos: titularidad de algo, como una parcela de tierra o una mina.

Ejército de la Unión: ejército de los estados del norte durante la Guerra de los Estados Unidos.

Guerra Civil de los Estados Unidos: guerra entre el Norte y el Sur de los Estados Unidos que se desarrolló de 1861 a 1865.

Húmedo: que contiene humedad.

Inversiones: cosas a las que las personas han destinado dinero, tiempo o esfuerzo.

Maquinista: persona que fabrica o trabaja con máquinas y motores.

Negoció: habló con otra persona o grupos de personas para llegar a acuerdos.

Nómadas: que no establecen una residencia fija o estable.

Pico: herramienta con filo que consiste en un extremo en punta unido a un mango.

Prospecciones: búsqueda de yacimientos minerales.

Ratificaron: aprobaron de forma legal u oficial.

Reputación: carácter de una persona; aquello por lo cual se la conoce.

Senado: la cámara alta de un cuerpo legislativo, como el Congreso de los Estados Unidos.

Senador: miembro del Senado.

Línea cronológica

1826
John Routt nace en Eddyville, Kentucky.

1845
John se casa con Hester Ann Woodson.

1854
John was elected alderman in Bloomington, Illinois.

1858
John es electo tesorero del Condado de McLean.

1860
John asume como alguacil en Bloomington, Illinois.

1861
Colorado se convierte en territorio de los Estados Unidos. Comienza la Guerra Civil de los Estado Unidos.

1862
John se une al Ejército de la Unión como capitán.

1863
John es ascendido al rango de coronel.

1865
Culmina la Guerra Civil de los Estados Unidos. John regresa a casa y se convierte en tesorero del Condado de McLean.

Línea cronológica

1869
El general Ulysses Grant es electo presidente de los Estados Unidos.

1870
John es nombrado segundo ayudante del director general de correos y se muda a Washington, D.C.

1871
Fallece Hester Routt.

1873
John conoce a Eliza Pickrell.

1874
John y Eliza se casan.

1875
El presidente Grant nombra a John Routt gobernador del territorio de Colorado. Routt se muda a Colorado.

1876
Colorado se convierte en el estado número 38. John es electo como el primer gobernador de Colorado.

1877
John compra la mina Morning Star.

1881
John vende la mina Morning Star en 1 millón de dólares.

Línea cronológica

1883
John es electo alcalde de Denver y comienza a servir en el cuerpo de administradores del capitolio.

1885
John se postula a la candidatura republicana para senador de Colorado, pero pierde.

1890
John y el cuerpo de administradores del capitolio comienzan a diseñar el capitolio del estado.

1891
John es electo séptimo gobernador de Colorado a los sesenta y cinco años.

1897
John se retira del cuerpo de administradores del capitolio.

1900
John se muda a Europa por dos años.

1907
Eliza Routt fallece en marzo. John Routt fallece en agosto.

1908
Se reemplaza el cobre de la cúpula del capitolio por oro.

Bibliografía

"County Named for First Governor". *Steamboat Pilot*, 25 de marzo de 1976.

Departamento de personal y administración de Colorado. "Colorado State Archives— Colorado Governors: John Long Routt". Consulta del 3 de agosto de 2012. http://www.colorado.gov/dpa/doit/archives/govs/routt.html.

"Ex Governor Routt and Family Back from Europe". *Denver Times*, 5 de junio de 1902.

Fotos históricas de la minería en los Estados Unidos por estado: minas de Colorado. Consulta del 8 de septiembre de 2012. http://www. miningartifacts. org/Colorado-Mines.html.

Lohse, Joyce B. *First Governor First Lady*. Palmer Lake, Colorado: Filter Press, 2002.

Melrose, Frances y Jack Foster. "Premonition Made Him Rich". *Rocky Mountain News,* 12 de julio de 1969.

"Routt Both Territorial State Head". *Colorado Springs Gazette*, 23 de mayo de 1865.

"Tales of the Old West". *Steamboat Pilot*, 7 de julio de 1949.

Índice

Acerca de esta serie

En 2008, la organización Colorado Humanities y
el Departamento de Estudios Sociales de las Escuelas
Públicas de Denver se asociaron a fin de implementar
el programa Young Chautauqua de Colorado Humanities en las Escuelas Públicas de Denver y crear una serie
de biografías sobre personajes históricos de Colorado,
escritas por maestros para jóvenes lectores. El proyecto
se denominó "Writing Biographies for Young People".
Filter Press se sumó al proyecto en 2010 para publicar
las biografías en una serie que se tituló "Grandes vidas
en la historia de Colorado".

Los autores voluntarios, maestros de profesión,
se comprometieron a investigar y escribir la
biografía de un personaje histórico de su elección. Se
informaron sobre el programa Young Chautauqua
de Colorado Humanities a través de sus portavoces y
participaron en un taller de cuatro días que incluyó
el recorrido por tres importantes bibliotecas de
Denver: el centro de investigación Stephen H. Hart
Library and Research Center en el centro History
Colorado, el Departamento de Genealogía e Historia
Occidental de la biblioteca Denver Public Library y la
biblioteca Blair-Caldwell African American Research
Library. Para escribir las biografías, emplearon las
mismas destrezas que se espera de los estudiantes: la
identificación y localización de recursos confiables para
la investigación, la documentación de dichos recursos y
la elección de información adecuada a partir de ellos.

El resultado del esfuerzo de los maestros fue la publicación de trece biografías en 2011 y veinte en 2013. Al tener acceso a la colección curricular completa de las biografías elaboradas acorde a su edad, los estudiantes podrán leer e investigar por sus propios medios y aprender valiosas habilidades de escritura e investigación a temprana edad.

Con la lectura de cada biografía, los estudiantes adquirirán conocimientos y aprenderán a valorar las luchas y vicisitudes que superaron nuestros antepasados, la época en la que vivieron y por qué deben ser recordados en la historia.

El conocimiento es poder. Las biografías de la serie "Grandes vidas en la historia de Colorado" ayudarán a que los estudiantes de Colorado descubran lo emocionante que es aprender historia a través de las vidas de sus héroes.

Se puede obtener información sobre la serie a través de cualquiera de los tres socios:

Filter Press en www.FilterPressBooks.com
Colorado Humanities en www.ColoradoHumanities.org
Escuelas Públicas de Denver en curriculum.dpsk12.org/

Reconocimientos

La organización Colorado Humanities y las Escuelas Públicas de Denver agradecen a las numerosas personas que contribuyeron con la serie "Grandes vidas en la historia de Colorado". Entre ellas se encuentran:

Los maestros que aceptaron el desafío de escribir las biografías.

Dra. Jeanne Abrams, directora de la sociedad histórica judía Rocky Mountain Jewish Historical Society, y Frances Wisebart Jacobs, experta.

Paul Andrews y Nancy Humphry, Felipe y Dolores Baca, expertos.

Dra. Anne Bell, directora del programa Teaching with Primary Sources, University of Northern Colorado.

Analía Bernardi, traductora bilingüe, Escuelas Públicas de Denver.

Mary Jane Bradbury, portavoz Chautauqua de la organización Colorado Humanities, y Augusta Tabor, experta.

Joel' Bradley, coordinador de proyectos, Escuelas Públicas de Denver.

Sue Breeze, portavoz Chautauqua de la organización Colorado Humanities, y Katharine Lee Bates, experta.

Betty Jo Brenner, coordinadora de programas, organización Colorado Humanities.

Tim Brenner, editor.

Margaret Coval, directora ejecutiva, organización Colorado Humanities.

Michelle Delgado, coordinadora de Estudios Sociales de Enseñanza Primaria, Escuelas Públicas de Denver.

Jennifer Dewey, bibliotecaria de consulta, biblioteca Denver Public Library, Departamento de Genealogía e Historia Occidental.

Jen Dibbern y Laura Ruttum Senturia, biblioteca y centro de investigación Stephen H. Hart Library and Research Center, centro History Colorado.

Coi Drummond-Gehrig, director de Investigación y Ventas de Imagen Digital, biblioteca Denver Public Library.

Susan Marie Frontczak, portavoz Chautauqua de la organización Colorado Humanities y orientadora del programa Young Chautauqua.

Tony Garcia, director artístico ejecutivo de El Centro Su Teatro y Rodolfo "Corky" Gonzales, experto.

Melissa Gurney, Museos de la Ciudad de Greeley, centro de investigación Hazel E. Johnson Research Center.

Jim Havey, Productor/Fotógrafo, Havey Productions, Denver, Colorado.

Josephine Jones, directora de programas, organización Colorado Humanities.

Beth Kooima, diseñador gráfico, Kooima Kreations

Jim Kroll, director, Departamento de Genealogía e Historia Occidental, biblioteca Denver Public Library.

Steve Lee, portavoz Chautauqua de la organización Colorado Humanities, y Otto Mears, experto.

April Legg, desarrolladora de programas escolares, centro History Colorado, Programas de Educación y Desarrollo.

Nelson Molina, editor de español y asesor de traducción.

Terry Nelson, director de Recursos Comunitarios y Colecciones Especiales, biblioteca Blair-Caldwell African American Research Library, y Fannie Mae Duncan, experta.

Jessy Randall, curadora de Colecciones Especiales, Colorado College, Colorado Springs, Colorado.

Elma Ruiz, coordinadora de Estudios Sociales K–5, Escuelas Públicas de Denver, 2005–2009.

Keith Schrum, curador de libros y manuscritos, biblioteca y centro de investigación Stephen H. Hart Library and Research Center, centro History Colorado.

William Thomas, biblioteca Pikes Peak Library District.

Danny Walker, bibliotecario principal, biblioteca Blair-Caldwell African American Research Library.

Dr. William Wei, profesor de Historia, Universidad de Colorado, Boulder, y Chin Lin Sou, experto.

Acerca de la autora

Rhonda Rau es maestra en las Escuelas Públicas de Denver. Vive en Aurora, Colorado, con su esposo y sus dos gatos. Rhonda disfruta de la lectura, los viajes y los deportes.

John Routt

Colorado's First Governor

John Routt

Colorado's First Governor

by Rhonda Rau

Filter Press, LLC
Palmer Lake, Colorado

John Routt
by Rhonda Rau

To my husband, Shane Sale,
for supporting me in everything I do.

ISBN: 978-0-86541-177-7
LCCN: 2013947130

Produced with the support of Colorado Humanities and the National
Endowment for the Humanities. Any views, findings, conclusions,
or recommendations expressed in this publication do not necessarily
represent those of the National Endowment for the Humanities or
Colorado Humanities.

Cover photo courtesy DPL, Western History Collection

Printed in the United States of America

Published by Filter Press, LLC, in cooperation with
Denver Public Schools and Colorado Humanities

Great Lives in Colorado History

Contents

John Routt, 1826–1907, was the last territorial governor of Colorado and the first state governor.

Introduction

John Routt was Colorado's first governor. When he was a boy growing up in Illinois, he never imagined that one day he would live in a place called Colorado or that he would be a successful politician and a wealthy mine owner. His family did not have much money, but young John knew that through hard work, he could be successful. An honest and loyal man, John's career in politics would last more than 50 years.

Young John

John Long Routt was born April 25, 1826, in Eddyville, Kentucky. John's father died when he was a toddler. His mother, Martha Haggard Routt, moved with John and his three **siblings** to Trigg County, Kentucky. There she met and married Henry Newton. The family moved several times before settling in Bloomington, Illinois.

John attended public school. School was different when John was a child. For one thing, a school year lasted only three months. John realized that education was important and learned much by reading on his own. As he grew older, he learned **woodworking**. He worked for his cousin as an **apprentice** carpenter and **machinist**. He also worked in a wood mill, where he learned to manage a company. John became interested in **architecture**. He wanted to learn to be an

architect, but that dream never became a reality. Life had other plans for him.

When John was 19, he married Hester Ann Woodson. Two years later, their first child was born. John worked hard at his job at the wood mill. In 1854 at age 28, John was elected to public office for the first time. He became an alderman, a job similar to a city councilman, in Bloomington, Illinois. Four years later, he was elected township collector for McLean County. As the township collector, he controlled the county's money. Because did a great job, he was reelected for a second term.

John was becoming a leader and wanted to help his town in other ways. He decided to run for sheriff in 1860 and easily won the election. He proved he was honest and fair, unlike his opponent, who made fun of John because of his size. John was only five feet two inches tall, much shorter than most men.

Everything changed for John when the **American Civil War** began in 1861. On August 20, 1862, he quit his job as sheriff to fight in the war.

Civil War Soldier

Between 1861 and 1865, the Civil War tore the United States apart. John Routt joined the **Union army** at age 36 and was given the rank of captain. He was a brave leader, and his men respected him. He fought courageously at the Battle of Prairie Grove in Arkansas. From there, he and his men joined the soldiers fighting under General Ulysses S. Grant. Grant needed supplies that were in enemy territory. John immediately volunteered to get the supplies. John considered the task routine, but Grant noticed his courage and skill. John fought bravely with Grant at the Battle of Vicksburg, and Grant promoted him to the rank of colonel.

After the Civil War ended, John returned to Bloomington. He and Hester Ann had more children, and John went back into

politics. He was elected county treasurer twice. Through the years, he stayed in contact with General Grant. They had a lifelong friendship.

A Reward for Service

In 1869 General Grant was elected president of the United States. When John's term as treasurer was up, Grant appointed him U.S. marshal of the Southern Illinois District. One of his jobs would be to oversee the ninth census. A census is an official count made every 10 years of all the people living in an area. John completed this task with such energy, accuracy, and quickness that he received an award. His **reputation** as a hardworking and trustworthy individual continued to grow. He was chosen for a new position by President Grant. John moved his family to Washington, DC, to take the job of second assistant postmaster general.

In 1871 his wife of 27 years died, leaving him to raise their five children on his own. Three of his children were under the age of ten. Hester's death left a huge hole in his heart

and his life. However, John wanted to marry again. He met his second wife, Eliza Pickrell, through a friend in 1873. She lived in Illinois, and John lived in Washington. They got to know each other by writing letters. Eliza was intelligent and patient. She was a good match for John and his busy political career and family. They married on May 21, 1874.

John wanted to move to the West, where many were striking it rich by finding gold and silver. He told President Grant about his desire to move. Grant had a job in the West for John. On March 29, 1875, he appointed John governor of the Territory of Colorado. Grant trusted him and told him to "clean up the mess out there" and help Colorado Territory become a state.

Statehood for Colorado

John's first job when he arrived in
Colorado was to gain the people's trust.
Coloradans did not trust politicians from
Washington. The territory had had seven
governors in 15 years. Several governors had
misused their power. The people of Colorado
wanted to become a state, but they needed a
good leader to accomplish this goal.

John was just the man for the job. He
worked hard to solve problems and to unite
the **citizens** of the territory. Many residents
had ideas different from John's and were
unwilling to **compromise**. Also, some people
in the eastern United States did not want
Colorado to have statehood. They thought
the people of Colorado were wanderers and
unsettled. They did not like the fact that
Colorado would have the same number of
votes in the U.S. **Senate** as the other states in

the Union. (Every state is represented by two **senators**, regardless of population.) Eventually, both the Senate and **House of Representatives** approved statehood for Colorado. The first step to become a state was complete.

Next Coloradans had to write a state **constitution**. John helped select the 39 **delegates** to take on the huge task. The delegates looked at constitutions from other states to gather ideas and use as models. It took many months and numerous debates to create a rough draft. John watched over the debates.

Finally the delegates voted and accepted the constitution. The people of Colorado **ratified** the constitution on July 1, 1876. On August 1, 1876, President Grant issued a proclamation of statehood, and Colorado became the 38th state in the Union, exactly 100 years after the United States of America became a country. For this reason, Colorado became known as the **Centennial** State. August 1 is now known as Colorado Day and is celebrated as the state's birthday.

John Routt's term as territory governor ended when Colorado became a state. Under the new constitution, the governor of the state had to be elected by the people, not appointed by the president. John won the Republican nomination for governor and ran against the Democratic **nominee**, General Bela M. Hughes. John campaigned by talking directly to the citizens, and on October 3, 1876, he won the election.

As Colorado's first governor, John faced many challenges. One of the first was to stop the increasing violence in Creede, a town in the southwestern part of the state. Many people there fought over who owned the land and silver mines in the area. The disputes had become so violent that people were being killed. Governor Routt visited the area and **negotiated** a peaceful solution.

The discovery of silver brought many people to Colorado and towns grew quickly. John used his negotiating skills many times

to help find solutions to mining conflicts. On the bright side, silver production increased and provided jobs for many Coloradans. During John's first term as governor, railroads were built, making it easier to travel and conduct business in Colorado.

Another major issue, not only in Colorado but also in the nation, was women's suffrage. Women's suffrage is the right of women to vote and run for office. The Colorado constitution allowed women to vote only in school district elections. Women were not allowed to vote in other elections. John strongly supported women's suffrage. In 1877 he arranged for Susan B. Anthony, a famous speaker on women's rights, to travel to Colorado. John went around the state with her to help spread the important message about women's right to vote. John's dedication to the people of Colorado earned him a second term as governor.

The Morning Star Mine

Miners in Leadville found silver—lots of silver. People from other parts of the country arrived in the small mountain town by train, by stagecoach, and even on foot every day. The population of the town increased from 250 in 1877 to 35,000 in 1880!

With the increase in population came problems. Working conditions were unsafe, and many people slept outdoors without shelter because there were not enough houses. John made several trips to Leadville to help the town manage the **silver boom**. He also heard stories of people becoming rich, something he had always wanted.

On one trip to Leadville, John decided to **prospect** for silver himself. Using a **pickax**, he dug in the ground alongside other miners who were hoping to become rich. On another trip to Leadville, John met

two miners who wanted to sell their **claim**, which they named the Morning Star Mine. The mine was a 12-foot hole in the ground where nothing valuable had been discovered. John had a premonition, a feeling that told him something good was going to happen. In 1877 he bought the Morning Star Mine for $10,000.

Even though John was still doing his job as governor, he spent much of his time in Leadville digging for silver with a few miners he hired. Working in mines was dangerous work. Many men died from falling rocks and from breathing in the dust. Despite the dangers, John worked in the mine himself, determined to discover silver. He worked many days from sunrise to sunset. He was convinced that he would make money from the mine. In 1879 John decided not to run for governor again so he could focus all of his time on the Morning Star Mine.

In April of that year, his determination and hard work paid off. He found silver! By the end of the year, $300,000 worth of silver had been removed from the mine. He bought a mansion in Denver for his family and enjoyed his new wealth. He also put money into other **investments** to make more money. John and Eliza donated money to several charities, including Central Christian Church in Denver. In 1881 John sold the Morning Star Mine for $1 million.

Building the Capitol

John kept busy with his investments and helped build Colorado businesses, but he still wanted to serve the public. In 1883 he was elected the mayor of Denver. He served the city well, and people thought he was an honest leader. At the end of his term as mayor, he decided to run for U.S. senator. The first step was for the Republican Party to choose him as its nominee. Even though John was well liked, he lost his party's nomination by four votes.

The same year John was elected mayor, he also began serving on the Board of Capitol Managers. The board's job was to build a new state **capitol**. John used the architectural skills he learned as a young man in Illinois to help design the building. The board gathered the best building materials, much of it from Colorado's own resources. Construction began

on July 4, 1890, with a large celebration.
John helped managed the construction of the building.

Later that year, John was asked to run for governor again. His opponents and critics said he was too old at 65 to be a good governor. Colorado's population was increasing and conflicts over land ownership and use were growing. The state needed a strong governor. John was elected and became the seventh governor of Colorado on January 14, 1891. He served Colorado for two more years.

During his second term as the state's governor, the rush to mine silver ended, which left many men without work. Colorado's economy was so bad that the leaders of the women's suffrage movement said, "Let the women vote; they can't do any worse than the men have." Before John left office, the legislature passed women's suffrage, although it was the new governor, Davis Waite, who signed it into law. Eliza Routt was the first

Mayor John Routt, around 1885. John continued to serve Colorado as the mayor of Denver.

woman to register to vote in the state. John continued to work with the Board of Capitol Managers until he retired in 1897 at the age of 71.

The capitol was almost complete in 1894 at a cost of $2.8 million. The original estimate was $1 million, but the board used the best workers and the best resources that could be found in Colorado. Finishing touches, including a copper dome, were not added until 1896. The state had a capitol it was proud of. In 1908 the copper dome was replaced with 200 ounces of Colorado gold, which is still there today.

A New Century

After he retired from politics, John spent more time with friends, including Horace

The golden dome of the Colorado state capitol is a well-known landmark in downtown Denver.

Tabor, who was called the Silver King because he had made so much money from silver mining in Leadville. In 1900 John's doctor recommended that he travel to Europe, where the **humid climate** might improve his health. His wife and daughter, Lila, sailed with him to Paris, France, where they lived for two years.

As John's health improved, the family looked forward to returning to Denver. His doctor told him he should remain in a humid climate, but John loved Colorado and wanted to return. John and Eliza moved into the Metropole Hotel in downtown Denver, where they spent their final years. Both John's and Eliza's health worsened as they aged, but they stayed active. John was a member of the Masonic Union Lodge because of his service during the Civil War. Eliza and Lila belonged to several community groups.

On March 22, 1907, Eliza died at the age of 68 from liver disease and complications from diabetes. John was very sad. It was said

that after Eliza died that he just waited quietly for his own death. He died on August 13, 1907, at the age of 81.

John Routt's life was filled with service to his nation and his state. His **contributions** to helping Colorado become a state will not be forgotten. A stained glass portrait of John is located inside the state capitol in the Senate Chambers.

This stained glass portrait of Governor John Routt hangs inside the state capitol.

*John Routt is buried in his family plot at Riverside
Cemetery in Denver.*

Questions to Think About

- What did John Routt do that earned the respect of General Grant during the Civil War?

- What are three words that describe Governor John Routt?

- How did John Routt help Colorado become a state?

Questions for Young Chautauquans

- Why am I (or should I be) remembered in history?

- What hardships did I face, and how did I overcome them?

- What is my historical context (what else was going on in my time)?

Glossary

American Civil War: a war in the United States between the North and the South fought between 1861 and 1865.

Apprentice: a person who is learning a job or trade from a skilled worker.

Architecture: the practice of designing and building structures.

Capitol: the building where lawmakers meet.

Centennial: a 100th anniversary.

Citizens: people who live in cities, towns, states, or countries and who have the rights and protection of that place.

Claim: the right or title to something, such as a piece of land or a mine.

Climate: the average weather condition of a particular place or region over a period of years.

Compromise: to reach an agreement after people with opposing views each give up some of their demands.

Constitution: a document that states the basic beliefs and laws of a nation, state, or social group.

Contributions: acts of giving money or things.

Delegates: people with power to act for others.

House of Representatives: the lower house of a legislative body, such as the U.S. Congress.

Humid: containing moisture.

Investments: things to which people have given money, time, or effort.

Machinist: a person who makes or works on machines and engines.

Negotiated: talked with another person, other people, or groups to arrive at agreements.

Nominee: a person selected to run for an office, duty, or position.

Pickax: a cutting tool that consists of a heavy-edged pointed head attached to a handle.

Prospect: to look for, especially mineral deposits.

Ratified: gave legal or official approval.

Reputation: the character of a person; what someone is known for.

Senate: the upper house of a legislative body, such as the U.S. Congress.

Senators: members of the Senate.

Siblings: brothers or sisters.

Silver boom: a specific time when silver is found in large amounts.

Union army: the army of the Northern states during the American Civil War.

Unsettled: not fixed or stable.

Woodworking: the act, process, or job of working with wood.

Timeline

1826
John Routt was born in Eddyville, Kentucky.

1845
John married Hester Ann Woodson.

1854
John was elected alderman in Bloomington, Illinois.

1858
John was elected township collector of McLean County.

1860
John became sheriff in Bloomington, Illinois.

1861
Colorado became a territory of the United States. American Civil War began.

1862
John joined the Union army as a captain.

1863
John was promoted to the rank of colonel.

1865
Civil War ended. John returned home and became the McLean County treasurer.

Timeline

1869
General Ulysses Grant was elected president of the United States.

1870
John was appointed assistant postmaster general and moved to Washington, DC.

1871
Hester Routt died.

1873
John met Eliza Pickrell.

1874
John and Eliza married.

1875
President Grant appointed John Routt governor of the Colorado Territory.
Routt moved to Colorado.

1876
Colorado became the 38th state.
John was elected the first governor of Colorado.

1877
John bought the Morning Star Mine.

1881
John sold the Morning Star Mine for $1 million.

Timeline

1883
John was elected mayor of Denver and began serving on the Board of Capitol Managers.

1885
John ran for the Republican nomination for Colorado senator, but lost.

1890
John and the Board of Capitol Managers began designing the state capitol.

1891
John was elected the seventh governor of Colorado at age 65.

1897
John retired from the Board of Capitol Managers.

1900
John moved to Europe for two years.

1907
Eliza Routt died in March. John Routt died in August.

1908
Gold replaced the copper on the capitol dome.

Bibliography

Colorado Department of Personnel and
    Administration. "Colorado State Archives—
    Colorado Governors: John Long Routt." Accessed
    August 3, 2012. http://www.colorado.gov/dpa/
    doit/archives/govs/routt.html.

"County Named for First Governor." *Steamboat Pilot*,
    March 25, 1976.

"Ex Governor Routt and Family Back from Europe."
    Denver Times, June 5, 1902.

Lohse, Joyce B. *First Governor First Lady*. Palmer
    Lake, Colorado: Filter Press, 2002.

Melrose, Frances and Jack Foster. "Premonition Made
    Him Rich." *Rocky Mountain News*, July 12, 1969.

"Routt Both Territorial State Head." *Colorado Springs
    Gazette*, May 23, 1865.

"Tales of the Old West." *Steamboat Pilot*, July 7, 1949.

U.S. Historic Mining Photos by State: Colorado
    Mines. Accessed September 8, 2012. http://www.
    miningartifacts.org/Colorado-Mines.html.

Index

About This Series

In 2008 Colorado Humanities and Denver Public Schools' Social Studies Department began a partnership to bring Colorado Humanities' Young Chautauqua program to DPS and to create a series of biographies of Colorado historical figures written by teachers for young readers. The project was called Writing Biographies for Young People. Filter Press joined the effort to publish the biographies in 2010 under the series title Great Lives in Colorado History.

The volunteer teacher-writers committed to research and write the biography of a historic figure of their choice. The teacher-writers learned from Colorado Humanities Young Chautauqua speakers and authors and participated in a four-day workshop that included touring three major libraries in Denver: The Stephen H. Hart Library and Research Center at History Colorado, the Western History and Genealogy Department in the Denver Public Library, and the Blair-Caldwell African American Research Library. To write the biographies, they used the same skills expected of students: identify and locate reliable sources for research, document those sources, and choose appropriate information from the resources.

The teachers' efforts resulted in the publication of thirteen biographies in 2011 and twenty in 2013. With access to the full classroom set of age-appropriate biographies, students will be able to read and research on their own, learning valuable research

and writing skills at a young age. As they read each biography, students will gain knowledge and appreciation of the struggles and hardships overcome by people from our past, the time period in which they lived, and why they should be remembered in history.

Knowledge is power. The Great Lives in Colorado History biographies will help Colorado students know the excitement of learning history through the life stories of heroes.

Information about the series can be obtained from any of the three partners:

Filter Press at www.FilterPressBooks.com
Colorado Humanities at www.ColoradoHumanities.org
Denver Public Schools at curriculum.dpsk12.org

Acknowledgments

Colorado Humanities and Denver Public Schools acknowledge the many contributors to the Great Lives in Colorado History series. Among them are the following:

The teachers who accepted the challenge of writing the biographies

Dr. Jeanne Abrams, Director of the Rocky Mountain Jewish Historical Society and Frances Wisebart Jacobs subject expert

Paul Andrews and Nancy Humphry, Felipe and Dolores Baca subject experts

Dr. Anne Bell, Director, Teaching with Primary Sources, University of Northern Colorado

Analía Bernardi, Spanish Translator, Denver Public Schools

Mary Jane Bradbury, Colorado Humanities Chautauqua speaker and Augusta Tabor subject expert

Joel' Bradley, Project Coordinator, Denver Public Schools

Sue Breeze, Colorado Humanities Chautuaqua speaker and Katharine Lee Bates subject expert

Betty Jo Brenner, Program Coordinator, Colorado Humanities

Tim Brenner, editor

Margaret Coval, Executive Director, Colorado Humanities

Michelle Delgado, Elementary Social Studies Coordinator, Denver Public Schools

Jennifer Dewey, Reference Librarian, Denver Public Library, Western History Genealogy Department

Jen Dibbern and Laura Ruttum Senturia, Stephen H. Hart Library and Research Center, History Colorado

Coi Drummond-Gehrig, Digital Image Sales and Research Manager, Denver Public Library

☞ *John Routt* 37

Susan Marie Frontczak, Colorado Humanities Chautauqua
speaker and Young Chautauqua coach

Tony Garcia, Executive Artistic Director of El Centro Su
Teatro and Rodolfo "Corky" Gonzales subject expert

Melissa Gurney, City of Greeley Museums, Hazel E. Johnson
Research Center

Jim Havey, Producer/Photographer, Havey Productions,
Denver, Colorado

Josephine Jones, Director of Programs, Colorado Humanities

Beth Kooima, graphic designer, Kooima Kreations

Jim Kroll, Manager, Western History and Genealogy
Department, Denver Public Library

Steve Lee, Colorado Humanities Chautauqua speaker and
Otto Mears subject expert

April Legg, School Program Developer, History Colorado,
Education and Development Programs

Nelson Molina, Spanish language editor and translation
consultant

Terry Nelson, Special Collection and Community Resource
Manager, Blair-Caldwell African American Research
Library and Fannie Mae Duncan subject expert

Jessy Randall, Curator of Special Collections, Colorado
College, Colorado Springs, Colorado

Elma Ruiz, K–5 Social Studies Coordinator, Denver Public
Schools, 2005–2009

Keith Schrum, Curator of Books and Manuscripts, Stephen H.
Hart Library and Research Center, History Colorado

William Thomas, Pike Peak Library District

Danny Walker, Senior Librarian, Blair-Caldwell African
American Research Library

Dr. William Wei, Professor of History, University of Colorado,
Boulder, and Chin Lin Sou subject expert

About the Author

Rhonda Rau is a teacher in Denver Public Schools. She lives in Aurora, Colorado, with her husband and two cats. Rhonda enjoys reading, traveling, and sports.

Acknowledgments / About the Author

John Routt 39